As redes
sociais como
agentes ativos
na devastação
do meio
ambiente
Apesar da hipocrisia das big techs com a
SEC, em relação à emissão de carbono,
tudo não passa de marketing barato
Lorenzetti

As redes sociais como agentes ativos na devastação do meio ambiente

Lorenzetti

Introdução

As mídias sociais, verdadeiras ORCRIM internacionais, operando de maneira muito similar ao crime organizado, que promovem um tipo de "anarcocapitalismo selvagem". Passam por cima das leis dos países, impondo as suas próprias, impondo seu poder econômico obtido, mantido e ampliado através da vigilância, controle e manipulação da sociedade, política e economia.

Além disso são as principais responsáveis pela maioria dos crimes cibernéticos cometidos contra as pessoas, acobertando entre seus usuários todos os tipos de criminosos e psicopatas, como anônimos e os protegendo, utilizando os maiores, mais caros e mais inescrupulosos escritórios de advocacia do planeta.

Suas inteligências artificias, seguindo algoritmos baseados em modulação maniqueísta dualista (zoroastrismo), basicamente exploram o que as pessoas já têm de pior, polarizando estas nas linhas do tempo, deduzindo tudo sobre elas, as colocando em bolhas de filtro agrupadas pelas similaridades quanto as "más" qualidades Isso ocorre através do conhecimento de todas as informações sobre estas pessoas, colhidas através de seus smartphones e agora também IoT (Internet das Coisas), pelo big data. Deduzindo tudo sobre elas pelo deep learning e as induzindo pelo machine learning, as três instâncias da psiquê das inteligências artificiais.

Além disso, estas mídias sociais funcionam como caça níqueis de cassinos, viciando seus usuários, verdadeiros viciados, nos efeitos psicológicos e químicos cerebrais, produzidos por elas em seus organismos, de modo que passem cada vez mais tempo online e sejam cada vez mais engajados nas mídias sociais.

Elas se aproveitam das piores características da humanidade, como a fé cega nas coisas que elas já acreditam ou são induzidas a acreditar, pelas mídias sociais, mesmo que sejam basicamente pós-verdades: fake news, negacionismo, teorias conspiratórias etc. Que ganham efeito borboleta nos "celulares" dos viciados em segundos, percorrendo o mundo todo e gerando intermináveis problemas sociais, políticos, econômicos e ambientais.

Os problemas ambientais resultantes deste modus operandi nefasto destas mídias sociais é o tema deste livro.

O Negacionismo Ambiental No Brasil

Causas

Dentro das mídias sociais, possivelmente até entre seus proprietários, nos conselhos de administração destas, há centenas de milhares de neonazistas e neofascistas, que atuam politicamente usando uma técnica de fazer política denominada democracia ciborgue, a qual , usa todos os recursos nativos das mídias sociais, aliados a automações, promoções pagas e formação de grupos de "haters" milicianos, que nem tem noção disso.

Ironicamente estes grupos funcionam de maneira muito parecida as células de Gramsci, que eles dizem serem técnicas "dos inimigos imaginários comunistas", trabalhando como milicianos políticos anônimos e "intocáveis".

Protegidos pelas mídias sociais, estes trabalham, as vezes inconscientemente, como milicianos para uma série de empresas, que praticam capitalismo de compadrio, empresas de cultos crentes e os próprios capitalistas de estado, que junto com suas enormes famílias, mamando eternamente nas tetas do estado.

São todos verdadeiros parasitas econômicos, que encontraram conforto no jargão CCF: "Conservador, Cristão e Família), encharcados de mentiras e hipocrisia, uma falsa ideologia política, que tem por objetivo apenas encher os bolsos de dinheiro das suas lideranças. Este grupo de lideranças são, sem dúvidas, as castas mais corruptas e podres da sociedade.

Esta é a democracia ciborgue, a grande responsável pelo terrível momento que passa a sociedade.

Negacionismo ambiental é a postura cética em relação aos argumentos científicos a respeito das mudanças climáticas. E esse comportamento é mais proeminente em seguidores de populistas de direita. Mas um mundo cada vez mais globalizado e uma proliferação de líderes céticos quanto ao clima fizeram dele uma força global.

O aumento da incidência de tornados, tufões e chuvas torrenciais, por exemplo, pode causar grandes danos a áreas que antes não eram afetadas por tais fenômenos. Isso pode ainda dificultar mais a vida daqueles que já sofriam com essas catástrofes naturais, mas que agora passam por efeitos potencializados.

Vivemos o período mais sombrio da nossa época, que remonta tempos de violência, deterioração cultural, fracasso econômico e fanatismo religioso. Em nome de Deus, a escalada do extremismo político no Brasil, de extrema-direita, tenta nos empurrar uma nova ordem de costumes, retirando do fundo do baú conceitos com forte cheiro de enxofre, de uma época já superada pelo pensamento, pela arte, a razão e a ciência. Inclusive, alguns poucos, empoderados pelo autoritarismo no poder e tomados pelo sentimento confuso de tendências anticomunista e nacionalismo extremo, se colocam ao lado de um campo ideológico perigoso, de negação e desconstrução do Estado democrático de direito. Não é muito diferente do fascismo e com certeza não queremos isso.

O negacionismo é a principal estratégia do processo de desconstrução. Nega-se absolutamente tudo, em especial a ciência e a credibilidade das instituições. E aquele que ousa pensar e/ou questionar o exercício da negação imediatamente se torna alvo dos negacionistas. A negação da harmonia entre os poderes levou aos atos antidemocráticos e inconstitucionais, que pediam a intervenção militar, o fechamento do Congresso Nacional e do Supremo Tribunal Federal aos gritos de "queremos o AI-5", a mais dura das medidas durante a ditadura; a negação na saúde, durante a pandemia, levou à militarização do ministério da área, a um embate nacional quanto às medidas sanitárias, ao atraso na compra de vacinas, à aposta em medicamentos sem eficácia, à imunidade de rebanho e ao espantoso número de casos de infecção e morte pelo novo coronavírus; a negação ambiental, quanto ao aquecimento global, a queimadas e ao desmatamento, levou ao maior desmonte de políticas públicas de meio ambiente da história do país, com a desmobilização da participação da sociedade civil em conselhos, paralisia de fundos internacionais, cortes significativos no investimento e manutenção de programas e projetos, abandono das unidades de conservação, para além da redução da força de fiscalização e controle.

O negacionismo ambiental nos deixará cicatrizes irreparáveis. A destruição que avança a perder de vista na Amazônia também cresce nos demais biomas brasileiros, com forte impacto no Pantanal, no Cerrado, no pouco que restou da Mata Atlântica e no Pampa. E o negacionismo ambiental vai além das práticas criminosas que ganharam proporção, como invasão de terras, supressão da vegetação nativa e garimpo ilegal. Chegou no poder legislativo, onde mudanças nas leis ameaçam a demarcação de terras indígenas e a sobrevivência dos povos da floresta. Sem falar na aprovação de Projetos de Lei (PL) que flexibilizam o licenciamento ambiental e permitem o uso de mais veneno na produção de alimentos, incluindo moléculas químicas de formulações proibidas no país de origem.

E está enganado aquele que vê o negacionismo, apenas no amplo e macro plano das ações e/ou omissões do governo federal. Nada disso: o negacionismo é estrutural e alcança outras esferas de governo; o que varia é a intensidade e às vezes independe do espectro ideológico.

Ou seja, é possível encontrar manifestações negacionistas tanto à esquerda quanto à direita, mesmo que o negacionismo ambiental seja mais comum neste último campo.

É exatamente assim que se comporta o governo de diversos municípios. As questões ambientais não são levadas totalmente a sério no nosso Estado. Decisões são tomadas à revelia da ciência e do apelo técnico, muitas vezes com o consentimento e aprovação da Assembleia Legislativa. Decisões que conflitam com os princípios da sustentabilidade, de preservação da vida e da manutenção da biodiversidade. Foi assim na alteração do Código do Meio Ambiente, na aprovação dos "PL do veneno" em vários municípios rurais, bem como as iniciativas de ampliação do uso do carvão mineral e de transferência da gestão dos parques para a iniciativa privada.

Negacionismo Climático

As expressões negacionismo climático e ceticismo climático referem-se ao pensamento daqueles que negam a realidade do aquecimento global ou, ao menos, negam que os seres humanos tenham um papel relevante neste fenômeno. Essas alegações são consideradas pseudocientíficas e o atual consenso científico não apoia os negacionistas do aquecimento global.

Os argumentos dos negacionistas foram refutados pelo conhecimento acumulado em uma vasta quantidade de estudos, levados a cabo pelos melhores climatologistas e geocientistas da atualidade, conhecimento hoje sintetizado pelo Painel Intergovernamental sobre Mudanças Climáticas, que desde 1990 publica relatórios periódicos revisando a melhor bibliografia científica disponível, empregando muitos especialistas nesse trabalho. O principal contraponto negacionista deste painel de alto nível é o Painel Não Governamental Internacional sobre Mudanças Climáticas, composto por um reduzido grupo de ativistas, muitos deles notórios por fraudes acadêmicas.

Grupos como esse, financiados e promovidos por think tanks conservadores, grandes indústrias e poderosos políticos e formadores de opinião, têm conseguido um espaço nos meios de comunicação que é desproporcional ao mérito científico dos seus argumentos pseudocientíficos.

Os negacionistas disseminam dúvidas e incertezas artificiais entre a população leiga e desempenham um papel de primeiro plano no descrédito da ciência e no bloqueio das necessárias medidas de combate ao aquecimento global. O negacionismo climático é considerado uma forma de pseudociência porque recusa o valor de uma massa de observações, cálculos e medições que convergem todos para a mesma direção. Se baseia principalmente em opiniões, em casuísmos, em crenças ou em ideologias políticas, econômicas ou culturais, e por suas importantes repercussões sociais e ambientais negativas é visto como uma grande ameaça ao bem comum.

Características

O pequeno grupo que contesta o consenso científico quanto ao aquecimento global tem as seguintes características:

É heterogêneo, defendendo ideias que, com frequência, são conflitantes umas com as outras. Por exemplo, alguns negam o aquecimento em si, afirmando tratar-se de contaminação das medições por ilhas urbanas de calor, enquanto outros autoproclamados "céticos" atribuem o aquecimento observado a um mecanismo de relacionado a de nuvens que não foi corroborado por observações subsequentes.

É francamente minoritário, representando apenas cerca de 1% do conjunto de .climatologistas em atividade.

Tem menos respaldo do conjunto de evidências empíricas, limitando-se, geralmente, a apresentar hipóteses alternativas de causalidade que se atêm a algum aspecto isolado do sistema climático. Por exemplo, atêm-se ao efeito de nuvens, sem explicar a maior retenção de radiação infravermelha nas frequências dos gases do efeito estufa. Ou ainda, ressaltam a influência do sol, sem explicar por que o aquecimento tem sido mais intenso justamente quando o sol age menos: à noite e no inverno.

Apresenta alegações pseudocientíficas, em sua maioria oriundas de think tanks conservadores como o The Heartland Institute. Mesmo falsas, tais alegações são desproporcionalmente representadas na mídia, recebendo grande espaço se comparadas à sua relevância marginal no debate científico atual. Uma pesquisa feita com alguns grandes e influentes jornais dos Estados Unidos, analisando 3.543 artigos que trataram do aquecimento no período de 1988 a 2002, encontrou que 552,65% dos artigos davam peso igual a quem negava e a quem afirmava que a atividade humana tem impacto sobre o clima. Discutindo o que deveria ser feito, apenas 10,6% acatavam o consenso científico e enfatizavam a necessidade de ação internacional urgente e compulsória, enquanto 78,2% apresentavam um texto "equilibrado", induzindo a opinião pública a tirar conclusões equivocadas. Analisando cronologicamente o impacto do problema entre o público, a mesma pesquisa mostrou que entre 1988 e 1989, quando o aquecimento global começou a chamar grande atenção internacional, os jornais diziam praticamente o mesmo que os cientistas, mas que desde então vêm sendo impostas ao público dúvidas artificiais e a distância entre a opinião científica e a popular vem se alargando.

Argumentos negacionistas e sua refutação científica

Os negacionistas empregam uma variada série de argumentos para contestar as conclusões da ciência, que foram agrupados hierarquicamente por Michael Mann.

1. A concentração de gases estufa não está se elevando na atmosfera.

2. Mesmo se estiver, o aumento não tem efeito sobre o clima. Não existe evidência de que o aquecimento está acontecendo.

3. Mesmo se o aquecimento estiver acontecendo, deve-se a causas naturais.

4. Mesmo se as causas não forem naturais, a participação humana é pequena.

5. Mesmo se a participação humana for grande, não vai gerar mudanças importantes no clima.

6. Mesmo se houver mudanças importantes, elas serão em geral benéficas.

7. Mesmo se as mudanças não forem benéficas, a humanidade e o ambiente vão se adaptar.

8. Mesmo se os cientistas estiverem certos, é tarde demais para fazer qualquer coisa.

9. Mesmo se tudo der errado, a humanidade vai encontrar algum remédio tecnológico para o problema sem que seja necessário mudar significativamente o modo de vida atual.

Todos esses pontos contradizem as observações mais confiáveis:

1. Concentração dos gases

"A concentração de gases estufa não está se elevando na atmosfera". Errado. Os principais gases estufam de origem humana têm se elevado de maneira contínua desde a Revolução Industrial, iniciada em meados do século XVIII: a concentração atmosférica de dióxido de carbono aumentou aproximadamente 35%, o metano mais que dobrou sua concentração; o óxido nitroso variou de 270 ppb (partes por bilhão) pré-industrial para 319 em 2005, e os níveis de ozônio aumentaram de 25 para 34 ppb no mesmo período.

2. Aquecimento

"Mesmo se os gases estufam estiverem aumentados, o aumento não tem efeito sobre o clima. Não existe evidência de que o aquecimento está acontecendo". Errado. O aquecimento existe. A medição da temperatura em múltiplos pontos do planeta tem mostrado uma elevação desde meados do século XIX, e nas últimas décadas o aumento está acelerando. O gelo está em recuo em todo o planeta, o oceano está esquentando, a estação fria está ficando mais curta, espécies migradoras se deslocam antes do que costumavam fazer. Essas e outras evidências concretas provam um aquecimento generalizado da superfície do planeta.

3. Causas naturais

"Mesmo se o aquecimento estiver acontecendo, deve-se a causas naturais". Errado. O clima é um sistema sensível à influência de vários fatores. No passado houve fatores naturais que provocaram mudanças. Hoje, o ser humano está diretamente envolvido. Grande parte do carbono lançado na atmosfera tem origem fóssil, que pode ser provada pela sua composição isotópica. Não existe nenhum processo natural atualmente em curso que possa explicar esse acúmulo na quantidade observada, mas é explicado pela queima de combustíveis fósseis.

4. Participação humana

"Mesmo se as causas não forem naturais, a participação humana é pequena". Errado. Provavelmente desde o início do século XX, e pelo menos desde a década de 1950 com extrema segurança, a participação humana tem sido parte preponderante no total. A quantidade de gases estufa de origem humana lançada na atmosfera é imensa, sendo a principal causa do sensível desequilíbrio energético no sistema terrestre, onde uma forçante radiativa positiva (de 2,29 para o período 1750-2011) se aproxima da estimativa da sensibilidade climática. Em outras palavras, a energia estocada em excesso coincide com os efeitos de temperatura previstos para tal acúmulo. O desequilíbrio tem piorado rapidamente desde a década de 1970, e entre 2005 e 2011 aumentou em 43%.

5. 6. Mudanças benéficas

"Mesmo se a participação humana for grande, não vai gerar mudanças importantes no clima. Mesmo se houver mudanças importantes, elas serão em geral benéficas". Errado. Não há base científica para afirmar que as mudanças não causarão impactos vastos e perigosos em múltiplos níveis. Ao contrário, a mudança de cerca de 1°C desde o início dos registros de temperatura global já provocou uma série de efeitos prejudiciais ao ambiente, extinguindo espécies, causando a elevação do nível do mar, acidificação das águas, modificação nos padrões de ventos, chuvas, correntes marinhas, redução de todos os gelos terrestres, agravando a intensidade dos desastres naturais, alterando ecossistemas, desencadeando uma onda de invasões por espécies exóticas em todos os continentes, e muitos outros. Esses impactos geram prejuízos diretos e indiretos à sociedade de múltiplas formas e levam à perda de milhões de vidas todos os anos. Não há base científica para alegar que se o aquecimento se agravar seus efeitos não serão também agravados, e podem, além disso, se tornar exponencialmente aumentados devido a reações imprevistas da natureza.

7. Adaptação

Mesmo se as mudanças não forem benéficas, a humanidade e o ambiente vão se adaptar". Errado. Não se pode garantir que a humanidade vai se adaptar, ou que essa adaptação vai contemplar todas as pessoas. Evidências mostram que mudanças climáticas pré-históricas compatíveis com os cenários mais pessimistas (um aquecimento de mais de 4°C até 2100) levaram a extinções em massa e a uma elevação do nível do mar de muitos metros em pouco tempo. Em geral se pensa que a Extinção do Permiano-Triássico, a maior de todas as extinções em massa documentadas, que levou 96% das formas de vida marinha e 70% das terrestres, teve como principal causa uma mudança climática de até 8°C, que teria ocorrido ao longo de 9,4 milhões de anos. Em termos geológicos, essa é considerada uma mudança abrupta.

A recuperação da biodiversidade exigiu cerca de 10 milhões de anos para se completar. A mudança recente promete ser tão ou mais radical que aquela na escala de tempo geológica. Em pouco mais de cem anos a temperatura já subiu quase 1°C, e os efeitos já estão se tornando bem visíveis. O nível de extinções contemporâneo, por uma combinação de múltiplas causas, tendo o aquecimento entre as principais, já é considerado de cem a dez mil vezes superior que o normal (conforme a metodologia e os taxa analisados), e está acelerando. Outras descobertas mostraram que mudanças localizadas, mas de grande magnitude em tempos antigos levaram ao declínio e queda de impérios poderosos em muitas partes do mundo.

Embora a amplitude das mudanças seja preocupante, é a sua rapidez que distingue o processo atual dos grandes eventos pré-históricos de mudança climática. Não há sinais de que uma mudança tão rápida como a atual tenha ocorrido na Terra nos últimos 50 milhões de anos.

A União Internacional para a Conservação da Natureza e dos Recursos Naturais (IUCN) prevê que se a elevação da temperatura chegar a 3,5 °C, até 70% de todas as espécies existentes hoje serão provavelmente extintas. Poucas espécies selvagens terão condições de prosperar por muito tempo em um ambiente tão instável, especialmente se ele permanecer em constante disrupção por um período de dois séculos ou mais (um aquecimento descontrolado). Neste caso, sem grandes dúvidas ocorrerá uma extinção em massa, uma desertificação generalizada do planeta e, consequentemente, um grande abalo nos fundamentos da sociedade e de seus sistemas produtivos. Os cenários extremos projetados admitem, se ocorrer o descontrole, um aquecimento de até 20°C na temperatura média da Terra ao longo de vários séculos, deixando-a em sua maior parte inabitável.

Essa conclusão apocalíptica já não é considerada uma fantasia pelos cientistas, mas uma probabilidade matemática que deixou há muito de ser desprezível. Cada dia que passa sem ação torna mais certa e inevitável sua materialização, pois a continuidade das causas impõe a continuidade e acumulação dos efeitos. Essa certeza matemática é fortalecida pelo testemunho de eventos passados similares, e um dos grandes problemas do aquecimento é que depois de certo ponto muitos efeitos não poderão ser revertidos senão depois de milhares ou milhões de anos. A ciência do clima é baseada na análise de quantidades mensuráveis e na avaliação das interações entre as variáveis, que estão sujeitas a leis imutáveis, manifestas nas maneiras como as energias atuam e nas propriedades reativas das substâncias e elementos da natureza. Essas quantidades e interações podem ser observadas e medidas objetivamente e os dados podem ser reduzidos a cálculos matemáticos, cujos resultados dão noções muito fiéis, até visíveis em gráficos didáticos, sobre a magnitude e qualidade dos efeitos previstos, inclusive sobre os seres vivos, sua duração, seus possíveis efeitos secundários etc. Evidente que esta é uma simplificação grosseira da complexa ciência do clima, mas ilustra o método pelo qual as previsões são feitas. Também é certo que a capacidade de cálculo das pessoas e computadores é limitada, erros e imprecisões sempre podem ocorrer, mas a multiplicação dos experimentos dando resultados similares solidifica o conhecimento. Numa analogia simples, levando a física e a química para um cenário familiar, esperar que o aquecimento global, que põe em movimento em escala planetária forças poderosas e vastas quantidades de substâncias muito ativas e altera o equilíbrio de todos os ciclos biogeoquímicos, não cause distúrbios graves e disseminados, é o mesmo que colocar uma panela com água no fogo e esperar que a água não acabe fervendo e entornando. Mesmo que se possa evitar os cenários extremos, as mudanças atuais já têm deixado uma marca visível. Países e comunidades pobres sistematicamente têm sofrido em grande desproporção com a quantidade de gases que emitem, e têm dificuldades maiores e menos recursos para se adaptar. A adaptação a um aquecimento progressivo descontrolado pode ser impossível para a grande maioria da população, mesmo em países ricos, que neste processo deixarão de ser ricos.

8. Tarde demais

"Mesmo se os cientistas estiverem certos, é tarde demais para fazer qualquer coisa". Errado. Não é tarde demais para fazer qualquer coisa. Ao contrário, quanto mais cedo a mudança para a sustentabilidade avançar, menores serão os impactos previstos. Já existe muitas iniciativas globais, nacionais e locais para combater o aquecimento e elas têm se revelado promissoras, faltando apenas uma adesão em larga escala da população para que resultados muito significativos comecem a aparecer.

9. Remédio tecnológico

"Mesmo se tudo der errado, a humanidade vai encontrar algum remédio tecnológico para o problema sem que seja necessário mudar significativamente o modo de vida atual". Errado. Sem que sejam modificados a própria estrutura dos mercados, as fontes de energia e os hábitos de produção, consumo e descarte, é improvável que num futuro próximo apareçam remédios tecnológicos viáveis para uma problemática tão abrangente como o aquecimento global, devido à própria escala planetária do fenômeno e suas infinitas ramificações.

Algumas alternativas já foram postas em discussão, como o lançamento de uma rede de espelhos refletores ou escudos em órbita para bloquear parte do calor solar, semeadura das nuvens com determinadas substâncias para produzir mais nuvens, captura e enterramento do carbono atmosférico, e outras. Tais soluções que interferem no ambiente em escala maciça (go engenharia) são muito arriscadas, são muito custosas, têm eficiência incerta e podem ter importantes consequências negativas imprevistas, tendo sido condenadas por muitas autoridades ou postas em suspeita. Além disso, nenhum remédio tecnológico poderá, por exemplo, ressuscitar todas as espécies extintas. Muitas mudanças importantes serão irreversíveis. Um relatório da Royal Society sobre o tema advertiu: "Nenhum método de go engenharia será capaz de nos dar uma alternativa fácil ou prontamente acessível para o problema da mudança climática. Contudo, no futuro podem ser um auxiliar nos esforços de mitigação dos efeitos da mudança climática. É muito provável que um dia seja criada tecnologia para a go engenharia, mas ainda estamos engatinhando nessa direção, e ainda subsistem grandes incertezas sobre sua eficiência, custo e impacto ambiental".

Outros argumentos contestando outros aspectos do fenômeno foram compilados pelo projeto Skeptical Science.

10.   Mudanças anteriores

"O clima já mudou no passado". Correto, mas como argumento negacionista é irrelevante. Em primeiro lugar, temos que considerar a que passado nos referimos: a muitos milhões de anos trás, quando reinavam os dinossauros, ou mesmo antes, quando ocorreram sim grandes mudanças climáticas, em geral devastadoras, ou ao período em que a humanidade criou sua cultura, que cobre apenas os últimos 50 mil anos aproximadamente, e que tem sido um período de notável estabilidade climática (nos termos do tempo geológico).Ver nota Em segundo, a estabilidade do clima é fundamental para a biodiversidade, assim como para o homem e sua civilização. Embora tenham sido documentadas exceções, em geral a adaptação das espécies selvagens a mudanças ambientais só acontece em largos períodos. A rapidez da mudança atual é demasiada para que os processos naturais de adaptação se completem a tempo para a vasta maioria das espécies.

11.   É o Sol

"O Sol é a causa". Errado. Desde a década de 1980 as tendências da atividade solar e da temperatura terrestre vão em direções opostas, ou seja, o Sol está esfriando e a Terra está esquentando.

12.   Não há consenso

"Não há consenso entre os cientistas". Errado. O consenso existe e é esmagador. Há cerca de dez anos, mais de 75% dos geocientistas já concordavam que o aquecimento existe e a origem é principalmente humana, e na mesma época cerca de 97% dos climatologistas que publicavam trabalhos principalmente na área da mudança climática já pensavam o mesmo, e a proporção vem crescendo à medida que novos estudos são feitos.

De fato, já foram realizadas várias sondagens de ampla escala da bibliografia científica especificamente voltadas para identificar o posicionamento dos autores a respeito da origem do fenômeno. O resultado varia de estudo para estudo, dependendo da metodologia utilizada. Uma das mais importantes dessas sondagens, realizada por John Cook e colaboradores, revisou 11.944 artigos científicos sobre aquecimento global e mudanças climáticas publicados entre 1991 e 2011. Dos artigos que expressaram claramente seu posicionamento sobre a origem do fenômeno, 97,1% apontaram o homem. Em 2016 dez dos principais autores que estudam o próprio consenso fizeram uma nova análise das principais pesquisas sobre o tópico realizadas entre 1991 e 2015, reafirmando o índice de 97% de concordância entre os especialistas. Em geral considera-se que o consenso está atualmente em torno de 97-98%. Em 2016 um estudo tentou reproduzir os resultados em nota de 38 artigos negacionistas e encontrou erros de método, de avaliação ou de cálculo em todos eles.

13.   Está esfriando

Está na verdade esfriando". Errado. As últimas décadas foram as mais quentes desde o início dos registros.

14.   O modelos climáticos não são confiáveis

"Os modelos teóricos não são dignos de confiança". Errado. Os modelos usados têm limitações e margens de erro, e como em geral são modelos globais, são imprecisos no que diz respeito a detalhamentos regionais, mas reproduzem com grande aproximação as mudanças em escala global do clima observadas historicamente, e por isso suas projeções para o futuro são plausíveis e confiáveis. Esses modelos vêm sendo testados inúmeras vezes por equipes diferentes de cientistas, e seus resultados têm se tornado cada vez mais confiáveis, e não menos. Não obstante, os modelos vêm sendo constantemente aperfeiçoados.

15.   Os registros são falhos

"Os registros não são dignos de confiança". Errado. É verdade que muitas estações meteorológicas não são instaladas como deveriam para colher os dados adequadamente, podendo estar próximas de fontes de calor ou de estruturas que criam microclimas diferenciados, como os centros urbanos e suas ilhas de calor, mas os cientistas sabem disso e fazem as compensações necessárias para corrigir os dados e torná-los confiáveis. Além disso, os dados colhidos em estações terrestres são checados com outros obtidos por métodos diferentes, como por exemplo a sondagem por satélite e a análise de registros contidos no gelo e em sedimentos oceânicos. Essa checagem cruzada minimiza em muito a possibilidade de erro grave, e revela em todas as formas de análise resultados comparáveis.

16.   O gelo está aumentado

"A Antártida está ganhando gelo". Errado. Embora a área coberta por gelo possa estar se expandindo em alguns locais, o volume total do gelo está em declínio. Medições de satélite apontam que a Antártida perde mais de 100 quilômetros cúbicos de gelo a cada ano desde 2002.

História

As pesquisas que embasam o conhecimento científico atual sobre o aquecimento global começaram nas primeiras décadas do século XIX, quando Joseph Fourier, que estudava processos de transmissão de calor, calculou que a radiação que a Terra recebia do Sol não era bastante para manter as temperaturas atmosféricas que conhecemos.

Ele não conseguiu descobrir a explicação, mas entre as hipóteses que postulou, disse que os gases da atmosfera poderiam estar envolvidos na retenção de calor, atuando como uma estufa.

Em geral, por isso credita-se a ele a descoberta do efeito estufa, que descreve exatamente o fenômeno de retenção de calor recebido do Sol por certos gases da atmosfera, causando aumento da temperatura da superfície terrestre.

Outros cientistas levariam adiante as pesquisas, notadamente John Tyndall e Svante Arrhenius, e na década de 1930 Guy Stewart Callendar foi o primeiro a medir objetivamente a mudança do clima, detectando um aumento de 0,3°C na temperatura média da Terra nos 50 anos anteriores, e estabeleceu a ligação direta entre o aumento da temperatura e o aumento dos níveis atmosféricos de gás carbônico, um dos principais gases do efeito estufa.

Porém, à medida que as análises científicas vinham se mostrando mais sólidas e convincentes, a reação não se fez esperar, principalmente originada na grande indústria, que via a necessária redução de emissões de gases como um empecilho para a expansão dos seus negócios, então maciçamente baseados nos combustíveis fósseis.

Essa reação se intensificou imediatamente depois da representação de James Hansen para o Congresso, quando grandes conglomerados empresariais começaram a financiar barulhentas campanhas negacionistas, frequentemente embasadas em estudos fraudulentos ou falhos e na exploração de crenças irracionais, de ideologias, da fé religiosa e das emoções populares, apoiados por grupos de pressão política e formadores de opinião mal informados, corrompidos ou comprometidos com tendências conservadoras ou anticientíficas, criando uma grande polêmica sobre a confiabilidade das previsões da ciência, polêmica que à medida que as evidências concretas do aquecimento se tornavam mais fortes e o consenso entre os especialistas ficava mais sólido, se tornaria cada vez mais agressiva, artificial e recheada de escândalos. A partir de um estudo de 2000 de Dunlap & McCright o negacionismo começou a ser entendido como um movimento organizado.

Durante o governo Bush cientistas ligados a sete organizações científicas estatais relataram pressões para eliminar as palavras "mudanças climáticas", "aquecimento global" ou similares de suas comunicações para não enfraquecer a política de ceticismo do governo. Um relatório apresentado ao Congresso dos Estados Unidos referiu que metade dos climatologistas do governo entrevistados disseram ter percebido ou pessoalmente sofrido essa pressão, e dois quintos deles afirmaram que tiveram relatórios seus modificados, alterando suas conclusões. Em 2006 a Royal Society, a principal organização científica do Reino Unido, em atitude sem precedentes, solicitou publicamente à ExxonMobil que parasse de financiar o negacionismo climático, acusando a gigante do petróleo de gastar nisso quase 3 milhões de dólares apenas naquele ano, e de divulgar para a população comunicados sem base científica. Uma pesquisa de 2013 descobriu que 91 diferentes entidades privadas podem ter gastado até um bilhão de dólares em apenas um ano financiando campanhas e organizações negacionistas. Estudos de 2015 trouxeram à luz evidências provando que desde a década de 1970 a indústria do petróleo sabia que os combustíveis fósseis podiam provocar o aquecimento global, mas desde então tem negado a ciência financiando estudos fraudulentos a seu favor, disseminando deliberadamente o mesmo tipo de dúvidas artificiais que envolveram a indústria do cigarro anos antes. Segundo Robert Brulle, esses grupos formam um movimento muito bem organizado, com múltiplos agentes situados em posições estratégicas da mídia, da política e do empresariado, que podem atuar concertadamente ou em laços frouxos e temporários, mas sempre ao longo das mesmas linhas. Entre os financiadores principais das campanhas estão a Koch Foundation, o Donors Trust, o Donors Capital Fund, a Scaife Foundation e a Sierra Foundation.

Uma pesquisa identificou que mais de 90% dos "estudos científicos" negacionistas se origina em grupos de pressão e influenciadores de direita.

Outros trabalhos apontam para a mesma direção, identificando algumas características comuns a outros tipos de negacionismo da ciência, como a persistente fabricação de controvérsias artificiais, a extraordinária dominância de ativistas do sexo masculino e suas fortes ligações com ideologias e movimentos conservadores ou de direita.

Outros traços presentes na mentalidade negacionista são um apego a estruturas de poder altamente hierarquizadas, crença em teorias da conspiração, recusa em aceitar mudanças, fatos ou emoções desagradáveis, tendência em atribuir a outros responsabilidades pessoais, baixa empatia social e uma preocupação com a preservação de privilégios de classe, e os que acreditam que o fim do mundo está próximo, uma população que nos Estados Unidos, por exemplo, é superior a 40% do total, tendem a ser mais indiferentes ao problema e a considerá-lo parte da preparação para o Juízo Final. Outro componente de peso do negacionismo é a ideologia de preservação do livre mercado a qualquer custo, que tem sido a responsável direta pelo atraso na aceitação de muitos fatos científicos relevantes, como o vírus da imunodeficiência humana (HIV) ser causador da AIDS e o tabagismo causar câncer.

Nos últimos anos os bloggers negacionistas têm emergido como uma força importante na expansão do movimento.

Uma pesquisa publicada na revista BioScience por Jeffrey Harvey e colaboradores indicou que os blogs são considerados pelo público em geral como mais confiáveis que outras fontes de informação. Além disso, analisando o conteúdo de 45 blogs negacionistas, os autores encontraram que 80% deles repetiam informação de um único blog, cujo autor não conduziu nenhuma pesquisa original nem publicou artigos.

Por outro lado, em anos recentes os negacionistas têm sofrido também importantes revéses. A ExxonMobil, que por muitos anos foi um dos maiores financiadores do lobby negacionista, aparentemente desde 2008 deixou de se envolver nessa atividade, e a verba gasta pela Koch Foundation tem declinado drasticamente.

Em 2011 uma das principais vozes negacionistas, Richard Muller, após concluir um novo estudo, financiado principalmente pela Koch Foundation, admitiu que estava errado e que o aquecimento existe, mas permaneceu cético quanto aos seus reais impactos. De qualquer modo, a notícia de sua retratação recebeu ampla divulgação internacional, gerou atritos com seus antigos companheiros de crença, e recebeu elogios pela sua atitude por cientistas alinhados ao consenso científico.

Este estudo ataca uma das mais centrais alegações negacionistas: a de que as medições de temperatura, que sofrem correções e ajustes para compensar deficiências do instrumental, não são, por isso, confiáveis. Para testar a confiabilidade dos ditos ajustes, a equipe de pesquisadores submeteu todos os dados brutos recolhidos a um ajustamento computadorizado automático, sem interferência humana no meio do processo.

Confessando sua surpresa, Muller disse que a tradicional manipulação humana dos dados — metodologia aceita como válida pela comunidade científica e pelo IPCC, e questionada pelos negacionistas — não influiu de maneira significativa nos resultados, que apontaram para um aquecimento de quase um grau Celsius desde meados do século XX.

Isso é exatamente o que o IPCC e a comunidade científica têm dito há décadas. O impacto dessa refutação se amplia na medida em que o estudo analisou medições de temperatura desde a década de 1750, quando a maioria das principais análises atuais inicia sua cronologia a partir de meados ou fins do século XIX.

Além disso, o estudo em um aspecto ultrapassou as estimativas do IPCC, dizendo que desde o século XVIII o mundo aqueceu mais do que quase um grau: aqueceu um grau e meio, sendo a causa principal a atividade humana: "Parece provável que, essencialmente, todo esse aumento resulta da emissão humana de gases do efeito estufa".

Que o homem seja o grande responsável, também tem sido reiterado inúmeras vezes pela comunidade científica. Logo após o anúncio da retirada dos Estados Unidos do Acordo de Paris, formou-se uma rede de estados e municípios norte americanos que pretende se manter fiel ao acordo a despeito da política federal, e agentes muito influentes no cenário local, como instituições governamentais, altos militares da Marinha e do Pentágono e o ex-presidente Barack Obama, já declarava que o negacionismo é uma ameaça à segurança da nação.

Mas era um campo ainda completamente inexplorado, os dados eram poucos, a metodologia e ferramental eram bastante primitivos (comparados à atualidade), e por isso essas primeiras conclusões, embora essencialmente corretas, ganharam pouca receptividade na comunidade científica.

Ela aceitava as premissas básicas do processo (a física inerente à transmissão e retenção de calor), mas considerava exageradas as previsões da aplicação das leis conhecidas ao ambiente.

Não se acreditava que as mudanças observadas por Callendar, por exemplo, fossem causadas pelo homem, em geral se pensava que seriam variações naturais, e que as atividades humanas não eram capazes de mudar o clima global tão drástica e rapidamente. Tampouco se fazia ideia de que as consequências de uma mudança rápida e descontrolada, como a que segue, pudessem ser tão perigosas para a saúde do meio ambiente, para a conservação da biodiversidade, para o bem-estar do homem e para o futuro da civilização, como se veio a provar mais tarde.

Repercussões do negacionismo climático

Nos primeiros momentos em que o tema ganhou notoriedade mundial, na década de 1980, o público leigo em geral se perfilou ao lado da ciência, acatando suas conclusões, mas após o início da fase mais agressiva da campanha negacionista, essa posição começou a se mostrar mais e mais frágil, e a distância entre a opinião científica e a opinião leiga aumentou significativamente. Os negacionistas podem não ser os únicos responsáveis por essa tendência, que pode sofrer influência de modas passageiras, políticas, e mesmo do cansaço que a superexposição do tema na mídia provoca, entre outros fatores, mas eles têm sido apontados como agentes de grande peso no processo.

A campanha cria uma confusão na mente do público leigo que o impede de reconhecer onde está a verdadeira autoridade e o verdadeiro conhecimento, o impede de compreender a ameaça climática, de perceber sua gravidade e de reagir de acordo com a sua dimensão e urgência.

Também contribui o fato de que a imprensa, alegando querer mostrar a questão do aquecimento global sob um ponto de vista "imparcial", tem organizado debates e entrevistas em que dá o mesmo espaço para aqueles que afirmam o aquecimento e para aqueles que o negam. Ao ignorar os mecanismos de validação do conhecimento e oferecendo aos negacionistas um espaço que não reflete o espaço que eles ocupam na comunidade científica, a imprensa deixa para o público a tarefa de decidir quem tem razão, uma tarefa que ele não tem condições de realizar pelo seu despreparo científico e pela representação distorcida do peso dos argumentos, alimentando uma controvérsia popular que na comunidade científica já não existe. Para que o cenário fosse montado de acordo com o consenso científico atual de c. 97-98%, um debate público precisaria reunir pelo menos cinquenta climatologistas, para que os negacionistas pudessem ter direito a apenas um representante no encontro. Fica evidente, assim, como não apenas o conteúdo da mensagem, mas também a sua forma de apresentação e a questão da representatividade de determinada opinião no total dos pesquisadores, têm relevo para a enfatização de determinado viés e para a boa compreensão do assunto por quem não tem conhecimento dele.

Para Oreskes & Conway, mostrar incertezas que já foram ultrapassadas como incertezas ativas é um absurdo: "Num debate científico dinâmico pode haver muitos lados. Mas uma vez que uma questão científica é fechada, resta apenas um lado. Imagine o que seria oferecer uma 'cobertura equilibrada' e colocar em controvérsia o fato da Terra girar em torno do Sol, ou dos continentes se moverem, ou do ADN carregar a informação genética". Em termos práticos, isso significa que o cidadão médio deixa de se interessar pelo problema, ou porque não consegue entendê-lo muito bem, ou porque imagina que ele não o afeta pessoalmente, ou porque acha que ele não é tão grave como o pintam, e quando tem de decidir, por exemplo, em quem votar, fica propenso a tomar decisões erradas, pois sua principal fonte de informação, a imprensa, está inundada de notícias divergentes, grande parte delas pouco claras, distorcidas ou deliberadamente manipuladas. Ao mesmo tempo, as necessárias políticas públicas para combate ao aquecimento ficam ameaçadas por um fraco apoio popular.

Por influência da pressão negacionista, os cientistas têm sentido a necessidade de expressar seus argumentos com uma cautela maior do que o normal para não serem desqualificados como "alarmistas", acusação que é muito frequente nos ataques, e isso tem sido apontado como uma dificuldade a mais na disseminação da informação relevante e correta sobre o aquecimento, pois se a ameaça existe e é tão grande, seria mais prudente exagerar os riscos do que minimizá-los. Isso tem sido apontado também como um dos motivos do IPCC ser acusado de conservadorismo por crescente número de especialistas, e de manter uma cautela tão excessiva que não transmite claramente a gravidade da situação para o público leigo. Além disso, esses grupos de pressão têm conseguido importantes vitórias em batalhas judiciais e na criação de legislação favorável aos seus interesses.

Os grupos negacionistas têm sido muito bem-sucedidos em ganhar espaço na mídia e na criação de dúvidas artificiais, especialmente nos Estados Unidos, país que é um dos maiores emissores de gases estufa, uma das mais influentes potências mundiais e um dos maiores bastiões do negacionismo climático, que não assinou o Protocolo de Quioto e que recentemente anunciou sua retirada do Acordo de Paris. Em 2015, uma ampla pesquisa de opinião mostrou que embora 99% da população do país reconheça que o aquecimento está acontecendo, quase 80% dos entrevistados não acreditam que a origem do problema se deve às atividades humanas, 97% acreditam que o consenso esmagador entre os cientistas não existe, mais de 60% não se preocupam, e 99% não acreditam que o aquecimento lhes causará dificuldades pessoais, ainda que aceitem a ideia de que as futuras gerações possam estar em risco.

Não foi senão na década de 1970 que o assunto começou a ganhar espaço nas academias, e as pesquisas iam se multiplicando rapidamente. Já se presumia que o homem estivesse envolvido nisso, principalmente pela contínua emissão de gases estufa derivados da queima de combustíveis fósseis, mas a segurança sobre sua participação só seria conseguida mais tarde, na altura em que milhares de estudos haviam sido produzidos confirmando as suspeitas. James Hansen, um dos principais climatologistas do mundo, levou o tema para diante do Congresso dos Estados Unidos em 1988, e então o debate público ganhou nova dimensão, tornando o tema conhecido em larga escala. Pouco depois o Painel Intergovernamental sobre Mudanças Climáticas (mais conhecido como IPCC), uma organização internacional filiada à ONU, passou a centralizar e sintetizar o conhecimento de ponta sobre o aquecimento global, publicando grandes relatórios periódicos onde faz uma revisão de toda a bibliografia sobre o assunto publicada em revistas e jornais especializados, além de analisar também estudos independentes.

Na década de 1990 o ceticismo que antes reinara entre os cientistas sobre a natureza e origem do aquecimento já não se sustentava, dissipado por uma vasta quantidade de novos estudos que trouxeram dados na forma de registros materiais do fenômeno (medições da temperatura em todo o planeta, comparações com registros fósseis de mudanças do clima, evidências de redução do gelo global etc.), ou na forma de modelos teóricos para explicar as múltiplas interações entre as variáveis. O fenômeno ganhara um contorno definido e podia ser bem descrito, e se compreendia as linhas gerais da manifestação dos seus efeitos na natureza e nas espécies vivas, ainda que muito faltasse por desvendar. Mais ainda, podia-se começar a fazer projeções bastante precisas de como o aquecimento global evoluiria se determinadas condições persistissem, e o que aconteceria se elas fossem modificadas. Projeções de curto prazo que se revelaram acertadas, mais o acúmulo de múltiplas evidências materiais irrefutáveis, deram uma grande solidez aos argumentos de que o aquecimento global está acontecendo e que é largamente causado pelo homem.

Muitos cientistas, historiadores, sociólogos e outros especialistas, bem como ativistas do ambientalismo, têm tentado divulgar corretamente a problemática do aquecimento global para o grande público e dissipar as dúvidas criadas pelos negacionistas, tanto nos Estados Unidos como no resto do mundo, mas seu sucesso nisso tem sido bastante limitado, como prova a lentidão na aceitação das mudanças necessárias que levem a um modelo de vida sustentável e de energia limpa, que é a única solução realista e permanente para os problemas causados pelo aquecimento. Todas as outras soluções mais ou menos aproximativas, por necessárias que possam ser nas etapas de transição para um novo modelo, terão valor apenas provisório, já que as principais causas do problema são a queima de combustíveis fósseis, o desmatamento, mudanças no uso da terra, produção de resíduos (lixo, esgotos, efluentes industriais etc.) e desperdício de alimentos, processos que produzem imensas quantidades de gases estufa. Na base de tudo, o crescimento descontrolado da população, que leva ao consumo desenfreado de recursos naturais, a poluição, extinção em massa, destruição ambiental e outros problemas que já são notórios e lamentados até por negacionistas, mas que são consequências previsíveis do modelo de vida predominante, e não mudarão sem que o modelo mude. Todos esses fatores interagem entre si e produzem novas causas para degradação ambiental e para o agravamento do próprio aquecimento global.

A pesquisadora Caren Cooper, da Universidade de Cornell, analisando os problemas gerados pelas dúvidas e incertezas que ainda circulam popularmente sobre a realidade ou a gravidade do aquecimento global, advertiu que se o grande público não adquirir uma sólida confiança na ciência e acatar suas recomendações, os governos democráticos não conseguirão enfrentar com sucesso o problema, porque sua base de apoio popular está dividida e insegura ou não se importa com a questão. Os negacionistas têm sido formadores de opinião muito mais eficientes do que os cientistas e professores, porque suas mensagens criam nas pessoas a impressão de que o que a imprensa divulga é o bastante para capacitá-las a participar legitimamente do debate científico de alto nível e criticar suas conclusões, uma impressão que, ela enfatiza, é profundamente equivocada.

É muito difícil combater o negacionismo (como um todo), primeiro porque ele tem um polpudo financiamento, uma organização eficiente, motivações ocultas difíceis de expor e fortes esquemas jurídicos para defendê-las, mas também porque seus proponentes não primam pela honestidade no debate e não aceitam trabalhar no terreno da lógica e das evidências palpáveis, mesmo quando as evidências avultam em quantidade e solidez e possam ser tão visíveis como a rápida retração do gelo em todas as regiões frias e montanhas do mundo ao longo do último século, ou a subida do nível do mar. Magnificam casos de exceção para justificar as dúvidas e invalidar todo o grosso corpo de evidências, são hábeis no uso da retórica e da encenação para dissimular o que é óbvio e em eximir-se de responsabilidades, e muitas vezes não mostram receio de recorrer a recursos ilícitos para prevalecer, incluindo perseguição, humilhação pública, difamação, ameaças e tentativas de aliciamento de cientistas. Pelas suas extensas implicações no bloqueio de políticas ambientais e práticas sustentáveis e pela indução deliberada do público ao erro e à inação, incapacitando-o para reagir adequadamente frente ao desafio climático, o negacionismo é entendido também como uma importante ameaça à segurança, ao bem-estar e ao futuro dos povos. Já existem apelos de cientistas, ambientalistas e agentes públicos para que o financiamento de campanhas negacionistas seja criminalizado ou pelo menos regulamentado. Naomi Oreskes, uma das principais analistas do fenômeno do negacionismo climático e suas repercussões sociais, disse:

"Os políticos e a mídia, especialmente nos Estados Unidos, frequentemente afirmam que a ciência do clima é altamente incerta.

Alguns têm usado este argumento contra a adoção de medidas fortes para reduzir as emissões de gases do efeito estufa.

[...] Algumas corporações, cujos lucros poderiam ser afetados negativamente pelo controle das emissões de gás carbônico, também têm alegado que a ciência padece de graves incertezas. Tais declarações sugerem que poderia persistir uma controvérsia significativa dentro da comunidade científica sobre a realidade da mudança climática causada pelo homem. Mas isso não é verdade.

[...] Muitos detalhes sobre as interações do clima não são bem entendidos, e há muito espaço para mais pesquisas que forneçam uma base mais sólida para nosso entendimento da dinâmica do clima. Mas há um consenso sobre a realidade da causa humana na mudança climática. Os cientistas têm repetidamente tentado deixar isso claro. É hora de o resto de nós ouvir o que eles dizem".

Negacionismo climático no Brasil

O negacionismo ou ceticismo climático no Brasil é o movimento, em âmbito brasileiro, de negação total ou parcial do conhecimento estabelecido pelo consenso internacional dos climatologistas a respeito da realidade do aquecimento global, da sua origem humana e da sua gravidade.

No primeiro mundo anglófono, em especial nos Estados Unidos, onde é mais influente, o negacionismo climático é apoiado por larga parcela da população e tem um grande poder político e econômico, sendo promovido por grupos conservadores e ultraconservadores com uma verba bilionária, ligados principalmente à indústria do petróleo.

Embora no Brasil não tenha ganhado o favor popular e suas ligações mais fortes sejam com os ruralistas e o agronegócio, têm sido apontados muitos traços em comum com o movimento no estrangeiro, e seu espaço na mídia, na economia e na política, antes muito limitado, está ampliando com rapidez.

Em anos recentes, em especial com a eleição de Jair Bolsonaro o poder e influência dos negacionistas aumentaram, seus expoentes vêm tendo acesso a cargos públicos de influência nacional, suas declarações anticientíficas aumentam a confusão entre os leigos e o movimento têm sido um dos principais responsáveis pelo maior retrocesso nas políticas, legislação e programas ambientais das últimas décadas, colocando em risco o futuro do ambiente e da população e o compromisso internacional assumido pelo Brasil de reduzir suas emissões de gases estufa.

O conhecimento atual sobre o aquecimento global não é completo, mas é extremamente abrangente e extremamente sólido em seus aspectos principais.

Segundo informação da NASA, o consenso dos climatologistas sobre a realidade do aquecimento e sobre a sua origem humana está em torno dos 97-98%.

Esse número sintetiza os resultados de um período de análises de campo que vai de 1991 a 2015, mas à medida que os estudos se multiplicam, a segurança científica aumenta. Um levantamento realizado pelo National Physical Sciences Consortium analisou mais de 24 mil trabalhos publicados entre 2013 e 2014, produzidos por um total de 69.406 pesquisadores.

De todos eles, apenas quatro pesquisadores rejeitaram a origem humana do aquecimento global. Embora o IPCC seja reconhecido universalmente como a maior autoridade no assunto, há muitos membros do próprio painel que criticam seu conservadorismo em alguns aspectos, fazendo eco a críticas de muitos outros pesquisadores independentes, que alegam que o caso é ainda mais grave do que o IPCC tem mostrado. Seja como for, isso só reforça que a situação tem realidade e uma enorme importância e urgência, e coloca o negacionismo nas categorias de crença ou pseudociência.

Contexto internacional

O consenso científico em torno do aquecimento global reúne mais de 97% dos climatologistas que publicam em revistas especializadas com revisão por pares, declarando que o fenômeno é real e está acontecendo, é causado pelo homem, principalmente pelo uso de combustíveis fósseis e desmatamento, gerando gases que retêm o calor da Terra (gases estufa), e terá consequências catastróficas se não for combatido com rapidez.

Este consenso está consolidado desde 1990, quando foi publicado o Primeiro Relatório do Painel Intergovernamental sobre Mudanças Climáticas (IPCC), organismo formado em 1988 sob os auspícios do Programa das Nações Unidas para o Meio Ambiente e da Organização Meteorológica Mundial, reunindo a nata dos climatologistas e geocientistas do mundo, dedicados não a produzir conhecimento novo, mas a revisar e sintetizar a melhor bibliografia científica disponível. À medida que os estudos se multiplicam, a segurança científica aumenta. Um levantamento realizado pelo National Physical Sciences Consortium analisou mais de 24 mil trabalhos publicados entre 2013 e 2014, produzidos por um total de 69.406 pesquisadores. De todos eles, apenas quatro pesquisadores rejeitaram a origem humana do aquecimento global.

O negacionismo climático se caracteriza pela rejeição da ciência do clima e pela sua substituição por crenças e ideologias de variada natureza e matiz, e em parte é o resultado da sobrevivência artificial de dúvidas que tinham validade quando o aquecimento global ainda era pouco conhecido e estudado, mas que agora já não se sustentam.

O negacionismo faz seus ataques à ciência ao longo de diversas linhas de argumentação. Pode ser uma negação radical e completa do atual conhecimento científico sobre o clima, ou pode atacar apenas alguns elementos constitutivos da base teórica, ou questionar a confiabilidade dos registros, a participação humana ou sua participação predominante, ou pode minimizar o risco representado pela ameaça climática, entre outros aspectos.

O negacionismo floresce com grande força no primeiro mundo anglófono, especialmente nos Estados Unidos, que ainda é o país mais afetado pelo fenômeno. Lá as motivações principais dos negacionistas estão ligadas à preservação do livre mercado, especialmente o mercado dependente dos combustíveis fósseis, formando-se um pequeno, mas muito rico e poderoso lobby que inclui empresários, líderes políticos e religiosos e cientistas de baixa credibilidade, entre outros agentes.

Em âmbito internacional, o negacionismo climático tem sido ligado a atividades criminais, à desonestidade intelectual e ao uso das mesmas estratégias de produção de incertezas artificiais e de confusão da opinião pública que se tornaram notórias quando empregadas pela indústria do cigarro algumas décadas atrás. Segundo análise de Naomi Klein, para os membros do Heartland Institute, um dos principais think tanks conservadores que pregam o negacionismo, o combate ao aquecimento global vai causar alguma espécie de revolução de esquerda e de alguma forma cercear os princípios da propriedade privada, e por isso o aquecimento é negado.

Há no movimento uma extraordinária predominância de ativistas do sexo masculino. Mais de 90% dos ditos "estudos científicos" negacionistas têm origem e/ou financiamento em grupos conservadores ou ultraconservadores.

Também se associam a certos setores negacionistas crenças em teorias da conspiração, fundamentalismo religioso, uma recusa sistemática em aceitar mudanças ou fatos que possam ser desagradáveis, apego a hierarquias rígidas de poder e desejo de preservação de privilégios de classe.

Esses grupos dispõem, só nos Estados Unidos, de cerca de um bilhão de dólares por ano para o financiamento das suas atividades, que incluem a produção de estudos científicos fraudulentos, compra de políticos e assédio, ameaça ou perseguição a cientistas.

No Brasil

Ao contrário dos Estados Unidos, o Brasil mostra uma posição diferenciada, e o negacionismo tem um apoio popular muito fraco. Uma pesquisa do Datafolha de 2010 revelou que para mais de 90% das pessoas entrevistadas o aquecimento era real, e para 75% delas o homem tem grande participação em sua causa, enquanto 19% acreditavam que a participação existia, mas era pequena. Um estudo de 2011 da Universidade de Oxford em parceria com a Fundação Reuters mostrou que no Brasil o espaço reduzido dos céticos se devia a uma "combinação entre cultura jornalística, poucos ou nenhum grupo de pressão ligados ao setor petrolífero e à virtual ausência de vozes fortes céticas na elite científica, política e econômica". Essa situação, porém, vem mudando, e os céticos ganham terreno na política e na economia. Os negacionistas brasileiros com alguma titulação em climatologia são muito poucos, mas alguns têm ganhado grande espaço na mídia, como Ricardo Augusto Felício e Luiz Carlos Molion. Outros mais ou menos conhecidos são José Carlos de Azevedo, Daniela Onça, Thiago Maia, Kenitiro Suguio e José Bueno Conti.

O panorama nacional foi pouco estudado e, segundo análise de Bernardo Esteves, também devido ao seu contexto diferenciado, as motivações precisas dos negacionistas brasileiros ainda são bastante desconhecidas. Nos Estados Unidos a ligação dos negacionistas com ideologias de direita e a defesa do livre mercado é forte e abundantemente documentada, mas no Brasil o fundo político do movimento é mal delimitado. O que já se tornou evidente é que os negacionistas brasileiros encontraram influentes aliados no movimento ruralista e no agronegócio, que detêm uma grande bancada no Congresso Nacional e ocupam vários postos-chave na administração pública, e que defendem um programa de restrição maciça às medidas ambientalistas em geral como proteção da propriedade privada, dos sistemas produtivos, dos mercados e do crescimento econômico. Neste programa, muitas vezes são usados argumentos negacionistas ou indiretamente relacionados ao problema do aquecimento. Em matéria na Revista do Instituto Humanitas Unisinos, Ricardo Machado esclareceu: "Você não precisa ser um ávido leitor de jornais ou um militante ligado ao ambientalismo para ter ouvido várias vezes frases como 'Nós [os ruralistas] somos os que mais preservamos', '61% do território brasileiro é mato', 'O que o Código Florestal quer é a interdição do uso da propriedade', 'É muita terra para pouco índio'. É com esse arsenal retórico que a bancada ruralista no Congresso Nacional dispara contra os direitos dos povos originários, contra as leis ambientais e contra qualquer pessoa que afirme haver aquecimento global [...] No atual Congresso, o mais conservador desde 1964, cerca de 250 deputados compõem a base de apoio aos ruralistas, ao passo que no Senado esse número é de 40 senadores. Não obstante esse número expressivo de apoiadores à agenda de desregulamentação ambiental, o setor ruralista ocupou, recentemente, o controle da Polícia Federal e da Fundação Nacional do Índio – Funai". Comentando esta situação em 2017, Cláudio Ângelo, coordenador de comunicação do Observatório do Clima, disse que "o que está em jogo é o maior retrocesso em termos ambientais no Brasil".

No país o desmatamento é a principal fonte de gases estufa, e uma das principais causas de desmatamento no Brasil é a expansão da agropecuária. Além disso, o gado está envolvido com o aquecimento global por emitir grandes quantidades de metano, um dos principais gases estufa. Para Sergio Raposo de Medeiros, "poucos assuntos irritam tanto o pecuarista como o envolvimento do boi no aquecimento global.

Seu maior desejo seria alguém confirmar que o aquecimento global é a balela científica do século ou que o boi não tem nada a ver com isso". Segundo o pesquisador e professor Alexandre Araújo Costa, que é membro do Painel Brasileiro de Mudanças Climáticas, o destacado negacionista Luiz Molion — que também exime o setor rural de culpas no aquecimento — tem grande trânsito entre os ruralistas: "Afinal, se a pecuária não contribui com emissões de metano e se as emissões de dióxido de carbono (e também de metano) associadas ao desmatamento não são um problema, o discurso de Molion representa um tipo de armadura e escudo pseudocientíficos que o agronegócio precisa".

Molion tem falado muito para o público do agronegócio em palestras, feiras e encontros, foi chamado de "um dos nomes mais importantes do cenário agro brasileiro", e suas declarações circulam na imprensa que cobre o setor e nos websites de empresas e organizações. A influente Confederação da Agricultura e Pecuária do Brasil publicou em 2010 a Carta de São Paulo, onde prega a manutenção dos padrões de produção e consumo alegando que a mudança para um modelo sustentável seria custosa demais e que o país precisa crescer sem os impedimentos representados pelas políticas ambientais. O documento foi apresentado em reunião que contou com uma palestra de Bjørn Lomborg, um dos negacionistas mais conhecidos do mundo.

Alexandre Costa fez uma associação explícita do movimento negacionista nacional com as direitas, acusando um dos principais representantes brasileiros, Ricardo Felício, de ser um militante típico do movimento internacional.

Felício referiu a si mesmo como um nacionalista e acredita que a redução de emissão de gases estufa é uma tentativa dos países industrializados de impor novas tecnologias verdes ao mundo.

Perguntado em entrevista se havia alguma instituição que apoiava o seu pensamento, indicou o Movimento de Solidariedade Ibero-Americana (MSIA), que segundo ele divulga um discurso anti-imperialista denunciando "o engajamento político dos países desenvolvidos que querem, a todo custo, manter sua hegemonia e poder sobre os outros, através do entrave tecnológico", mas que Costa descreveu como "um grupo de extrema-direita especialista em teorias conspiratórias e em ataques ao Greenpeace, ao Movimento de Trabalhadores Sem Terra, o Foro de São Paulo, a Pastoral da Terra, etc.", e que foi denunciado como direitista e antiambientalista também por outros autores. Mário Jakobskind, do Observatório da Imprensa, citou ligações históricas do MSIA com o grupo negacionista norte-americano LaRouche, e acrescentou: "E onde entra a mídia nesta história tola? Estes senhores, utilizando uma linguagem supostamente nacionalista e às vezes até de cunho anti-imperialista, contam com a desinformação de jornalistas e leitores para divulgar seus delírios. O tal Movimento de Solidariedade Ibero-Americana chegou mesmo a se reunir com a bancada de oposição no Congresso para denunciar 'complôs internacionais'. Parlamentares com tradição de luta contra o arbítrio deixaram-se enganar". Segundo Cláudio Ângelo, "o discurso dos ruralistas no Brasil é muito parecido com o dos céticos do clima nos EUA. Essas pessoas ignoram evidências científicas e chamam de ideologistas os cientistas que passaram 20 a 30 anos pesquisando a fundo sobre mudanças climáticas", mas acrescentou que "o conservadorismo nas políticas ambientais no Brasil está longe de ser uma pauta exclusiva da direita. Um dos grandes expoentes do Partido Comunista do Brasil, Aldo Rebelo, que militou na esquerda, resolveu se aliar aos mais conservadores dos conservadores da bancada ruralista. O Aldo fez um relatório sobre a mudança do Código Florestal que versa sobre a legislação mais ou menos como o discurso do Heinze".

Já Daniel Cunha criticou os princípios do movimento brasileiro dissecando a tese de doutorado de Daniela Onça, trabalho que ganhou reconhecimento como um importante documento cético do país.

Onça é uma discípula de Felício e segundo Cunha inaugurou no país uma nova modalidade de negacionismo utilizando conceitos da teoria crítica e noções que beiram o misticismo para invalidar a base teórica científica do aquecimento, que seria, segundo ela, "uma ideologia de legitimação do capitalismo tardio":

"[Onça] não foi suficientemente crítica para perceber que o paradigma subjacente ao negacionismo climático de suas referências é um tosco fundamentalismo criacionista. [...] Faltou apenas afirmar que o petróleo foi uma dádiva divina predestinada ao desenvolvimento do capitalismo — e ao enriquecimento dos capitalistas. De fato, os argumentos de Onça analisados até aqui poderiam ser tiros vindos da direita — e de fato o são: autores como Richard Lindzen e Luc Ferry, usados por Onça, são referências conservadoras cativas. Ao final, o que se tem é uma apologia da flexibilização das relações com a natureza — tal qual a flexibilização dos direitos trabalhistas — para que a acumulação de capital fique desimpedida".

O negacionismo também atrai setores ultraconservadores entre os monarquistas e os fundamentalistas religiosos do Brasil. Dom Bertrand de Orléans e Bragança, por exemplo, membro destacado da Família Imperial Brasileira, ativo promotor da monarquia e do tradicionalismo, escreveu um livro negacionista onde apresentou teorias conspiratórias e criacionistas e citou Luiz Molion como uma de suas principais fontes "científicas".

O adventista Michelson Borges, representante de um movimento criacionista, disse que para ele e seu grupo o homem pode ter alguma participação no aquecimento, mas basicamente trata-se de "um fenômeno natural para o qual a ciência ainda não tem um modelo que possa ser corroborado pelas evidências".

Sejam quais forem as suas motivações e os seus argumentos, as linhas de atividade dos negacionistas brasileiros acabam convergindo para os mesmos pontos do movimento internacional, como acrescenta Esteves: "Em comum, eles nem sempre dialogam com a literatura científica que contradiz suas alegações, como se desconhecessem o conjunto de evidências acumuladas pela posição consensual". Também são caracterizados pela construção de teses com elementos que se contradizem ou não se relacionam, e pela distorção das informações quando usam fontes sólidas.

Repercussões

Segundo Alexandre Costa, o negacionismo produz três efeitos diretos sistêmicos: ele deseduca e confunde a população ao disseminar informações falsas; mina a confiabilidade da ciência de maneira irresponsável, e dificulta a tomada de decisões conscientes em múltiplos âmbitos, seja na política, na economia e nos hábitos de vida. São efeitos preocupantes, considerando a imensa gravidade do problema que o negacionismo oculta.

As evidências do aquecimento global e os grandes perigos que ele acarreta para hoje e para o futuro já são nitidamente claros para a maciça maioria dos cientistas especializados na área do clima e da mudança climática, e por isso, assim como ocorre em nível internacional, a credibilidade dos negacionistas brasileiros tem permanecido muito baixa. Isso se reflete na ausência de convites para participarem de eventos científicos de alto nível e em sua incapacidade quase total de publicar seus estudos em revistas especializadas de boa reputação, onde os artigos precisam passar por uma rigorosa revisão por pares.

Conforme disse Esteves, "para se tornar um fato [...] uma afirmação científica depende de ser reforçada pela geração seguinte de textos. No entanto, a maioria das contestações do aquecimento antrópico [causado pelo homem] feitas por pesquisadores brasileiros sequer chegou a se estabilizar na forma de alegações na literatura especializada". Os negacionistas brasileiros, por seu turno, relatam sofrer perseguições por causa dos seus posicionamentos, e alegam ser injustamente excluídos dos grandes debates e publicações.

Contornando a falta de receptividade nas publicações acadêmicas, os negacionistas publicam de forma independente ou buscam a mídia, onde alguns de seus expoentes têm ganhado um excepcional espaço. Foi muito divulgada a entrevista que Ricardo Felício deu para o Programa do Jô em 2012, gerando uma tempestade de críticas entre os especialistas. Ao mesmo, tempo, ela parece ter servido para abrir outros espaços para os negacionistas, como blogs e páginas pessoais na internet. Alfredo Sirkis, secretário-executivo do Fórum Brasileiro de Mudanças Climáticas, assim avaliou a situação nacional:

"O negacionismo climático está se organizando no Brasil e já se nota sua presença na mídia em meios acadêmicos de escasso prestígio científico e muita ânsia de exposição. Esta é garantida. Ao contrário dos cientistas sérios que cultivam grande reserva no trato com a mídia por causa da sua tendência simplificadora e da dificuldade em tratar da nuance, os negacionistas são falastrões panfletários. Trazem, como aqueles seus colegas que negavam que o vírus HIV provocasse a AIDS ou o cigarro o câncer de pulmão, 'boas notícias' que sensibilizam gente que não deseja ouvir verdades inconvenientes. Beneficiam-se da perda de qualidade de boa parte do jornalismo atual, que tende preguiçosamente a querer apresentar 'as duas opiniões', quando não se trata de 'opiniões' e sim de um diagnóstico científico. [...] Fico impressionado com matérias recentes na nossa imprensa que dão a esses picaretas um status de gente séria".

O principal grupo brasileiro está concentrado no Departamento de Geografia da Universidade de São Paulo (USP), ao qual estão ligados Felício, Onça, Suguio e Conti, e para o ex-secretário do Ministério do Meio Ambiente, Eduardo Delgado Assad, um dos coordenadores do maior estudo feito no País sobre o impacto do aquecimento global para a agricultura, "esses céticos da USP têm pouca credibilidade e têm produtividade baixa".

O pesquisador André Bailão, em uma revisão do assunto, chegou à mesma conclusão: "Em conjunto com os comentários que obtive em minha etnografia entre cientistas das mudanças climáticas na USP e no Inpe, a opinião geral é que o grupo dos céticos se trata de uma minoria com pouca credibilidade e baixa produtividade, que não produz em revistas científicas e o que eles dizem tem pouca base física".

Segundo Katherine Rivas, da Agência Envolverde, a comunidade científica nacional parece incerta sobre como abordar o negacionismo.

Um professor universitário, citado anonimamente em pesquisa de André Bailão, surpreendeu-se com a resistência irracional das pessoas em reconhecer a validade de dados objetivos comprovados por múltiplas medições: "Não é uma questão de religião, de se acreditar em algo.

Eu não estou pedindo para ninguém acreditar em nada. É uma medição, um dado. A curva do carbono foi comprovada com dados. Não quero 'debater' isso". Um dos seus alunos questionou a veracidade das medições, ao que o pesquisador respondeu que não sabia como lidar com isso, pois "não há como duvidar de uma medição". Outro professor disse que as pessoas negam o óbvio e não mudam de opinião porque isso exigiria mudar de atitudes, o que em geral não estão dispostas a fazer. Em 2012 José Marengo, membro do Painel Intergovernamental de Mudanças Climáticas (IPCC) e uma das lideranças nacionais sobre mudança climática, disse que não via os céticos como uma ameaça e preferia ignorá-los: "Não temos por que retrucar, seria apagar fogo com gasolina. Não precisamos dar mais dez minutos de fama para essas pessoas. Se a imprensa quisesse, poderia nos procurar para confirmar as informações que conseguiram. Mas isso nunca acontece".

Outros, porém, defendem que a omissão de porta-vozes reconhecidos do consenso internacional abre espaço para a perpetuação de incertezas artificiais e para a maior penetração da influência negacionista sobre o público, confundindo-o, negando-lhe o conhecimento correto e necessário para que possa reagir adequadamente à urgência da ameaça climática, e prejudicando o avanço do país em direção à sustentabilidade e ao cumprimento do compromisso de redução de emissões de gases estufa assumido diante da comunidade internacional.

É um exemplo de uma postura mais combativa Philip Fearnside, pesquisador titular do Instituto Nacional de Pesquisas da Amazônia, membro do IPCC e identificado pelo projeto Essencial Science Indicators como o segundo mais citado cientista no mundo na área de aquecimento global, que disse em um artigo de sua autoria: "Vários dos principais cientistas da área climática no Brasil se recusam a debater com céticos como Molion. Este autor acredita que isto seja um erro crítico".

Fearnside não é, porém, uma figura isolada, e outros eminentes pesquisadores brasileiros deram declarações públicas condenando o negacionismo, como Tércio Ambrizzi, um dos mais renomados meteorologistas brasileiros e membro do IPCC, e Paulo Artaxo, também membro do IPCC, e tido como um dos mais influentes e mais citados mundialmente entre os cientistas do país.

A tarefa é complicada pelo fato de que no Brasil são relativamente poucos os profissionais dedicados ao jornalismo científico. A 8ª Conferência Mundial de Jornalistas de Ciência de 2013 concluiu que nos países mais pobres tende a ser baixo o reconhecimento político da importância da ciência e, consequentemente, há pouco interesse e espaço para o jornalismo científico.

A grande imprensa dá atenção apenas marginal para temas ambientais, pesquisa de Rocha et alii de 2013 mostrou que muitos jornalistas de importantes jornais brasileiros se baseiam em uma única fonte, levando à produção de matérias muito parciais e limitando a capacidade reflexiva do leitor, e veículos de grande circulação como o Jornal da Band e a revista Veja já deram espaço para notícias negacionistas sem apresentar a opinião científica contrária.

Para Carlos Nobre, outro membro do IPCC, "a constante presença dos céticos na imprensa é um problema, já que a maioria não é membro da comunidade científica e apenas está a serviço dos lobbies dos combustíveis fósseis. Eles estão fazendo o mesmo que alguns pesquisadores da área médica fizeram nos anos 1970 sobre a questão do tabaco. Eles estão aí para confundir". Philip Fearnside declarou que a entrevista de Felício no programa de Jô Soares em 2012 "sem dúvida, foi a mais danosa para o entendimento público no Brasil, devido ao grande alcance da mídia televisiva. O entrevistado declarou que 'o efeito estufa é a maior falácia científica que existe na história', que atribuiu a uma conspiração entre técnicos militares que estavam subempregados após a Guerra Fria. Quem não conhecia o assunto por outros meios teria tido pouca ideia das dezenas de milhares de trabalhos científicos que documentam o consenso representado pelos relatórios do IPCC de que o aquecimento adicional nos últimos anos é real, é causado pela ação humana, e terá impactos negativos gravíssimos se não for contido rapidamente".

As incertezas sobre o progresso das políticas de mitigação e adaptação ao aquecimento aumentaram com a ascensão do notório negacionista Donald Trump à presidência dos Estados Unidos, já tendo anunciados planos de expansão no setor dos fósseis, chamou para seu círculo de colaboradores notórios negacionistas, conservadores e lobistas, e retirou o país do Acordo de Paris. A grande influência do país no cenário internacional pode enfraquecer a determinação dos países emergentes como o Brasil em limitar suas emissões.

O Brasil já usou muitas vezes o argumento de que os países que emitem menos devem reduzir menos as emissões, e que os países ricos, os que historicamente emitiram mais, não estavam fazendo o bastante para compensar o dano que já haviam causado. Esta é, com efeito, uma queixa recorrente entre as nações mais pobres. Se os Estados Unidos mantiverem a posição prometida por Trump, os outros países podem se sentir autorizados a recuar em suas obrigações também.

Embora o Brasil reconheça oficialmente o consenso científico em torno do aquecimento global e tenha se integrado à comunidade internacional nos esforços de combate ao problema como signatário da Convenção do Clima e outros acordos, a pressão dos negacionistas, disseminando desinformação deliberadamente, combinada especialmente à pressão do agronegócio, tem imposto pesados retrocessos à legislação e à política ambiental brasileira.

A verba para pesquisa e manutenção de programas ambientais oficiais tem ao mesmo tempo declinado drasticamente, e em 2017 o Ministério do Meio Ambiente perdeu quase metade dos seus recursos. Em 2011 cerca de um terço das principais vozes negacionistas do Brasil eram políticos. Por exemplo, Aldo Rebelo, que ocupou quatro ministérios, incluindo o da Ciência, Tecnologia e Inovação, foi o autor do projeto de lei para reforma do Código Florestal Brasileiro, recebendo críticas gerais dos ambientalistas, e assumiu o negacionismo climático dizendo que "não há comprovação científica das projeções do aquecimento global, e muito menos de que ele estaria ocorrendo por ação do homem". Kátia Abreu, senadora, ruralista e ex-ministra da Agricultura, Pecuária e Abastecimento, tem sido uma das principais promotoras dos interesses do agronegócio e tem manifestado opiniões negacionistas. Foi acusada de ser uma das responsáveis pelo desmonte da legislação florestal, recebeu do Greenpeace em 2010 o irônico Troféu Motosserra de Ouro, e era a presidente da quando a entidade publicou a Carta de São Paulo. Em 2016 Blairo Maggi, outro grande representante do agronegócio e ministro da Agricultura, Pecuária e Abastecimento, disse que as metas de emissão assumidas pelo Brasil são apenas uma "intenção", e recusou-se a aceitar que os agropecuaristas paguem pelo que emitem, alegando que a produção rural brasileira é sustentável: "Nós não temos condições financeiras, monetárias, de levar adiante a intenção que o Brasil colocou. [...] A intenção que o Brasil assumiu perante o mundo não pode ser obrigação do produtor brasileiro, tem de ser a intenção do produtor brasileiro também". Declarou ainda que "a agricultura não é a vilã do aquecimento global que aí está", embora o país seja um dos dez maiores emissores do mundo e o Terceiro Inventário Brasileiro de Emissões e Remoções Antropogênicas de Gases de Efeito Estufa indique que a atividade agropecuária, e nela principalmente o desmatamento, tenha respondido em 2015 por 69% das emissões brutas do Brasil. Essas e outras declarações de Maggi foram comparadas às falas de Donald Trump, geraram vários protestos de ambientalistas e o Observatório do Clima publicou uma carta rebatendo-as.

Um relatório do Observatório do Clima apontou que a emissão de gases estufa pelo Brasil aumentou 8,9% em 2016 em comparação com o ano anterior.

As causas principais continuam sendo as mudanças no uso da terra e o desmatamento para o agronegócio. Uma participação importante no total vem do rápido incremento no uso de alguns fertilizantes nitrogenados.

O relatório concluiu que o Brasil se tornou "a única grande economia do mundo a aumentar a poluição sem gerar riqueza para sua sociedade". A Política Nacional de Mudanças Climáticas estabelece como meta o país chegar a 2020 com 2,2 bilhões de toneladas anuais, mas a tendência atual indica que esse limite será ultrapassado.

Com a eleição de Jair Bolsonaro o poder e influência dos negacionistas aumentaram, assim como as preocupações dos ambientalistas. O presidente tinha a intenção de tirar o país do Acordo de Paris, alegando ameaças de perda de soberania, mas após a pressão da sociedade voltou atrás. Mesmo assim, desistiu de receber a Conferência do Clima da ONU já programada, considerou o ativismo ambiental um "alarmismo xiita", em poucos meses desde sua eleição o desmatamento disparou e após sua posse várias medidas oficiais revelam a organização de uma ampla ofensiva contra o meio ambiente, desmantelando ou extinguindo órgãos e conselhos reguladores e fiscalizadores, retirando uma série de atribuições importantes do Ministério do Meio Ambiente, fragilizando políticas ambientais, favorecendo o agronegócio, abrindo terras indígenas à mineração e colocando negacionistas em posições de comando.

O chanceler brasileiro Ernesto Henrique Fraga Araújo negou o consenso científico e considera o combate ao aquecimento "uma tática globalista de instilar o medo para obter mais poder", fruto de um complô marxista, além de criticar o Acordo de Paris e fazer referência a supostas ameaças contra o sistema cristão. O novo ministro do Meio Ambiente, Ricardo Salles, é comprometido com o agronegócio, foi diretor da Sociedade Rural Brasileira e, segundo o Observatório do Clima, foi o promotor do desmonte da governança ambiental durante sua gestão como secretário do Meio Ambiente do Estado de São Paulo, além de ter sido condenado pela Justiça paulista por improbidade administrativa, sob a acusação de ter alterado ilegalmente o plano de manejo de uma área de proteção ambiental.[88] Este ministro expressou opiniões negacionistas, desprezando o consenso internacional, disse que o Brasil pode mudar suas metas de emissão de gases estufa, divulga dados falsos ou enganosos para justificar suas posições, classificou a discussão sobre aquecimento global como secundária e extinguiu a Secretaria de Mudanças do Clima e Floresta, transferindo a agenda climática para uma assessoria especial com menor estrutura. Já Tereza Cristina, ministra da Agricultura, Pecuária e Abastecimento, apesar de prometer que pretende favorecer o setor sem agredir o meio ambiente, ganhou o apelido de "Musa do Veneno" pelo seu apoio entusiasta aos agrotóxicos, e defende mudanças na lei para flexibilizar a liberação de novos produtos e as regras do licenciamento ambiental, uma das pautas prioritárias da Frente Parlamentar Mista da Agropecuária. Em pouco mais de um mês depois da sua posse o seu ministério já liberou 86 novos agrotóxicos, muitos deles classificados como "extremamente tóxicos". Cristina é uma das mais importantes líderes do lobby agrícola, tendo sido presidente da Frente da Agropecuária e a principal responsável pelo apoio que a Frente deu à candidatura de Bolsonaro, elogiou a escolha de Salles para o ministério por ser um nome que tem "a melhor relação possível com a agropecuária brasileira", afirmou que os produtores rurais poderão contar com um Ministério do Meio Ambiente mais alinhado com a agricultura, quer abrir as terras indígenas para a agricultura comercial, e anunciou o destacado ruralista Valdir Colatto para a chefia do Serviço Florestal Brasileiro, uma pessoa que já disse que o Brasil tem floresta demais e foi autor do projeto do Novo Código Florestal Brasileiro, intensamente criticado como um grande retrocesso.

Conclusões

As mídias sociais, ORCRIM internacionais, dirigidas, em parte, pela pior geração de seres humanos que o mundo civilizado já conheceu, os millennials, com sua tríade sombria psicológica: narcisismo, psicopatia e maquiavelismo. Se tornaram bilionários não por serem grandes empresários ou visionários, mas apenas por terem o conhecimento certo, no momento certo e serem servos úteis às podres oligarquias econômicas globais, que tem a maior parte de seus negócios atreladas ao negacionismo científico, religiões e comandam os mercados de capitais das principais bolsas de valores do mundo.

Hoje além destes trilionários e bilionários, que não tem ideologia nenhuma, mas alugam as que interessam a eles no momento certo para ganhar dinheiro, estão patrocinando neonazistas, neofascistas, crentes e todo os tipos de excrecências, que já estavam enterradas no esgoto da história, sendo ressuscitadas por eles, usando as mídias sociais, democracia ciborgue, pós-verdades e comprando todos os mentecaptos que aceitem defender a ideias da ectopia "CCF": "Cristão, Família e Conservador".

Atuam em formas de milícias, moduladas algoritmicamente por inteligências artificiais, muitas vezes completamente anuviadas desta realidade, como os crentes, dando seus únicos dízimos para pastores bandidos, donos de cultos putrefatos, nos templos galpões das falsas "religiões", apenas empresas franqueadas de "Deus", que não pagam royalties, impostos e não são nem ao menos fiscalizadas ou cobradas por suas dívidas.

Além do gado, a velha massa de manobra, agora composta também, por psicopatas e sociopatas virtuais anônimos das mídias sociais, vigiados, controlados e manipulados por algoritmos. Existem os intelectuais de aluguel, jornalistas de aluguel, mídias de aluguel, autoridades de aluguel além das próprias mídias sociais, que trabalham acintosamente para esta gente, tratando de disseminar a polarização, ódio, pós-verdade, ignorância, atacando e destruindo os seus opositores usando todo o tipo de crimes virtuais possíveis, inclusive lawfare (usando a própria lei) com "otoridades" alinhadas com a democracia ciborgue e protegidas pela própria lei, na prática de seus crimes contra inocentes que os contestam.

Estamos falando da parte mais podre da humanidade, como os proprietários do Plano de Saúde Prevent Sênior, que praticam negacionismo científico pôr dinheiro levando a morte milhares de pessoas. E ainda possuíam bandas de Heavy Metal com temáticas subliminares nazifascistas.

No caso específico do bolsonarismo, o governo mais podre e corrupto da história (superando largamente o próprio Lula no quesito corrupção, o antigo primeiro colocado), temos um genocídio que passou de 600.000 vidas.

Esta gente não merece o planeta Terra, deveriam todos ser colocados em foguetes e enviados para Vênus, sem combustível para a volta.